Αβοκάντο Αστείο

GREEK

MARCY SCHAAF

AVOCADO
ANTICS
MARCY SCHAAF

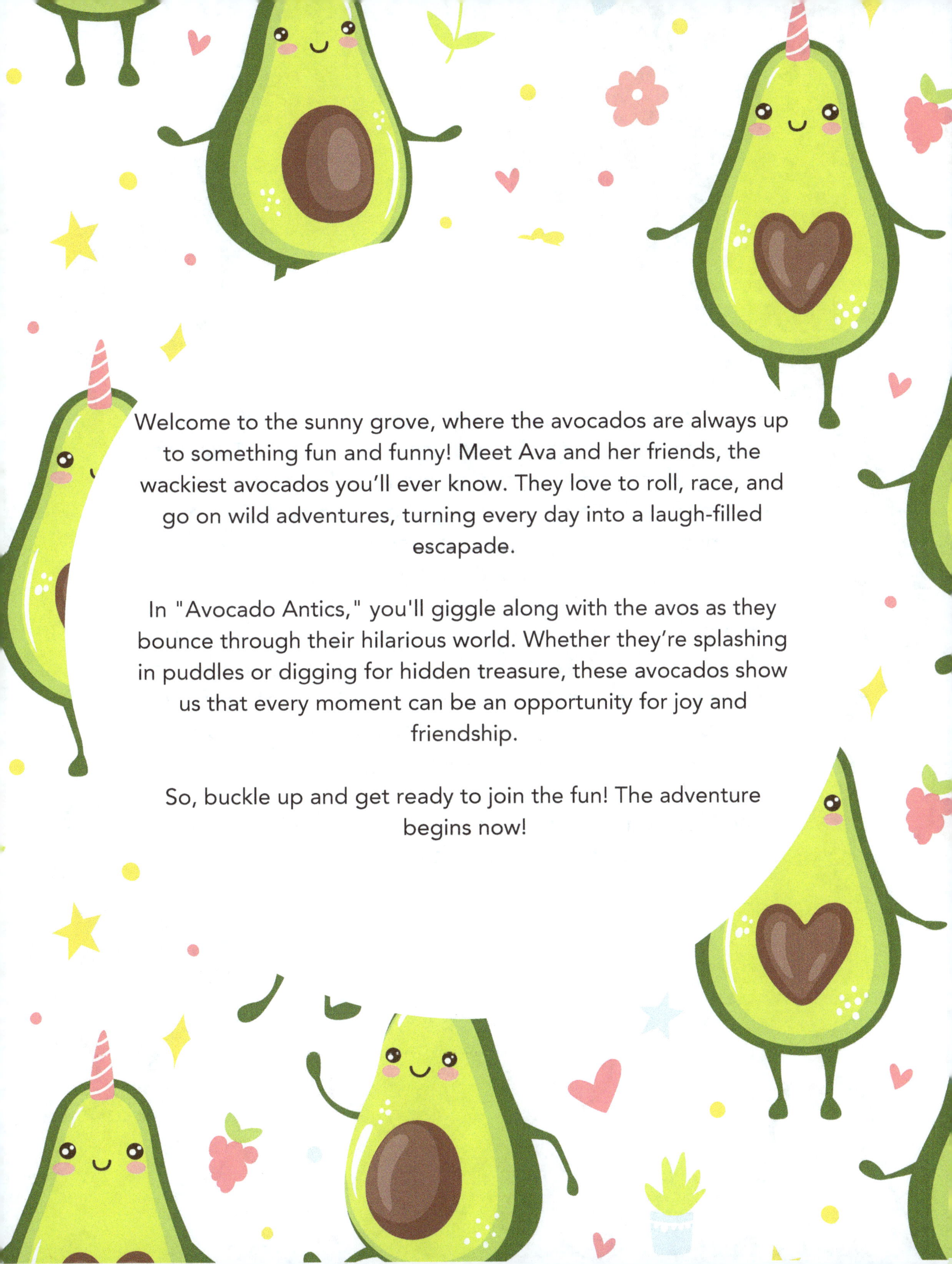

Welcome to the sunny grove, where the avocados are always up to something fun and funny! Meet Ava and her friends, the wackiest avocados you'll ever know. They love to roll, race, and go on wild adventures, turning every day into a laugh-filled escapade.

In "Avocado Antics," you'll giggle along with the avos as they bounce through their hilarious world. Whether they're splashing in puddles or digging for hidden treasure, these avocados show us that every moment can be an opportunity for joy and friendship.

So, buckle up and get ready to join the fun! The adventure begins now!

Καλώς ήρθατε στο ηλιόλουστο άλσος, όπου τα αβοκάντο πάντα ετοιμάζουν κάτι διασκεδαστικό και αστείο! Γνωρίστε την Ava και τους φίλους της, τα πιο τρελά αβοκάντο που θα γνωρίσετε ποτέ. Τους αρέσει να κυλούν, να αγωνίζονται και να πηγαίνουν σε άγριες περιπέτειες, μετατρέποντας κάθε μέρα σε μια απόδραση γεμάτη γέλιο.

Στο "Avocado Antics", θα γελάσετε μαζί με τους avos καθώς αναπηδούν στον ξεκαρδιστικό κόσμο τους. Είτε βουτάνε σε λακκούβες είτε σκάβουν για κρυμμένο θησαυρό, αυτά τα αβοκάντο μας δείχνουν ότι κάθε στιγμή μπορεί να είναι μια ευκαιρία για χαρά και φιλία.

Λάβετε, λοιπόν, και ετοιμαστείτε να συμμετάσχετε στη διασκέδαση! Η περιπέτεια ξεκινά τώρα!

IN A SUNNY GROVE, LIVED AVOCADOS ALL GREEN AND ROUND.

Σε ένα ηλιόλουστο άλσος,
ζούσαν αβοκάντο ολόπράσινα
και στρογγυλά.

THEY LOVED TO PLAY AND
LAUGH, MAKING SILLY SOUNDS.

Τους άρεσε να παίζουν και να γελούν, βγάζοντας ανόητους ήχους.

ONE DAY, AVA, THE SMALLEST AVOCADO, HAD A GREAT IDEA.

Μια μέρα, η Άβα, το πιο μικρό αβοκάντο, είχε μια υπέροχη ιδέα.

"LET'S HAVE A RACE" SHE SAID, WITH A SMILE EAR TO EAR.

«Ας κάνουμε έναν αγώνα» είπε, με ένα χαμόγελο αυτί σε αυτί.

GIGGLES AND CHEERS FILLED
THE AIR, A JOYOUS SOUND.

Τα γέλια και οι ζητωκραυγές
γέμισαν τον αέρα, ένας
χαρούμενος ήχος.

AVOS LINED UP, READY TO ROLL,
BOUNCING ON THE GROUND.

Ο **ΛΛ¥ΟS** παραταγμένος, έτοιμος να κυλήσει, αναπηδώντας στο έδαφος.

AVA SHOUTED, "GO!" AND OFF THEY WENT, ROLLING FAST.
GO

Η Άβα φώναξε: "Πήγαινε!" και έφυγαν κυλώντας γρήγορα.

BUT THEN THEY HIT A BUMP,
FLYING HIGH, WHAT A BLAST!

Αλλά μετά χτύπησαν ένα χτύπημα, πετώντας ψηλά, τι έκρηξη!

THEY LANDED IN A PUDDLE,
SPLASHING EVERYWHERE.

Προσγειώθηκαν σε μια λακκούβα, πιτσιλίζοντας παντού.

COVERED IN MUD, THEY LAUGHED WITHOUT A CARE.

Καλυμμένοι στη λάσπη, γελούσαν
χωρίς να τους νοιάζονται.

THEY CLEANED UP IN THE SUN
NO TIME TO SPARE.

καθαρίστηκαν στον ήλιο χωρίς
χρόνο να αφιερώσουν.

AVA SAID, "THAT WAS THE BEST DAY EVER!"

Η Άβα είπε: "Αυτή ήταν η καλύτερη μέρα!"

THE AVOS AGREED, "WE WILL
FORGET IT NEVER!"

Ο ΛVOS συμφώνησε, "Δεν θα το ξεχάσουμε ποτέ!"

PLAYING GAMES AND SINGING
SONGS, HAVING FUN.

Παίζοντας παιχνίδια και τραγουδώντας τραγούδια, διασκεδάζοντας.

THE FUNNY AVOCADOS, ALWAYS FOUND A WAY.

Τα αστεία αβοκάντο, πάντα
έβρισκαν τρόπο.

TO TURN EVERY MOMENT, INTO A PERFECT DAY.

Να μετατρέπει κάθε στιγμή, σε μια τέλεια μέρα.

ONE MORNING, THEY FOUND A MYSTERIOUS BOX.

Ένα πρωί, βρήκαν
ένα μυστηριώδες
κουτί.

INSIDE WERE COSTUMES, SHOES,
AND COLORFUL SOCKS.

Μέσα ήταν κοστούμια, παπούτσια
και πολύχρωμες κάλτσες.

THEY DRESSED UP AS PIRATES,
WITH HATS AND A PATCH.

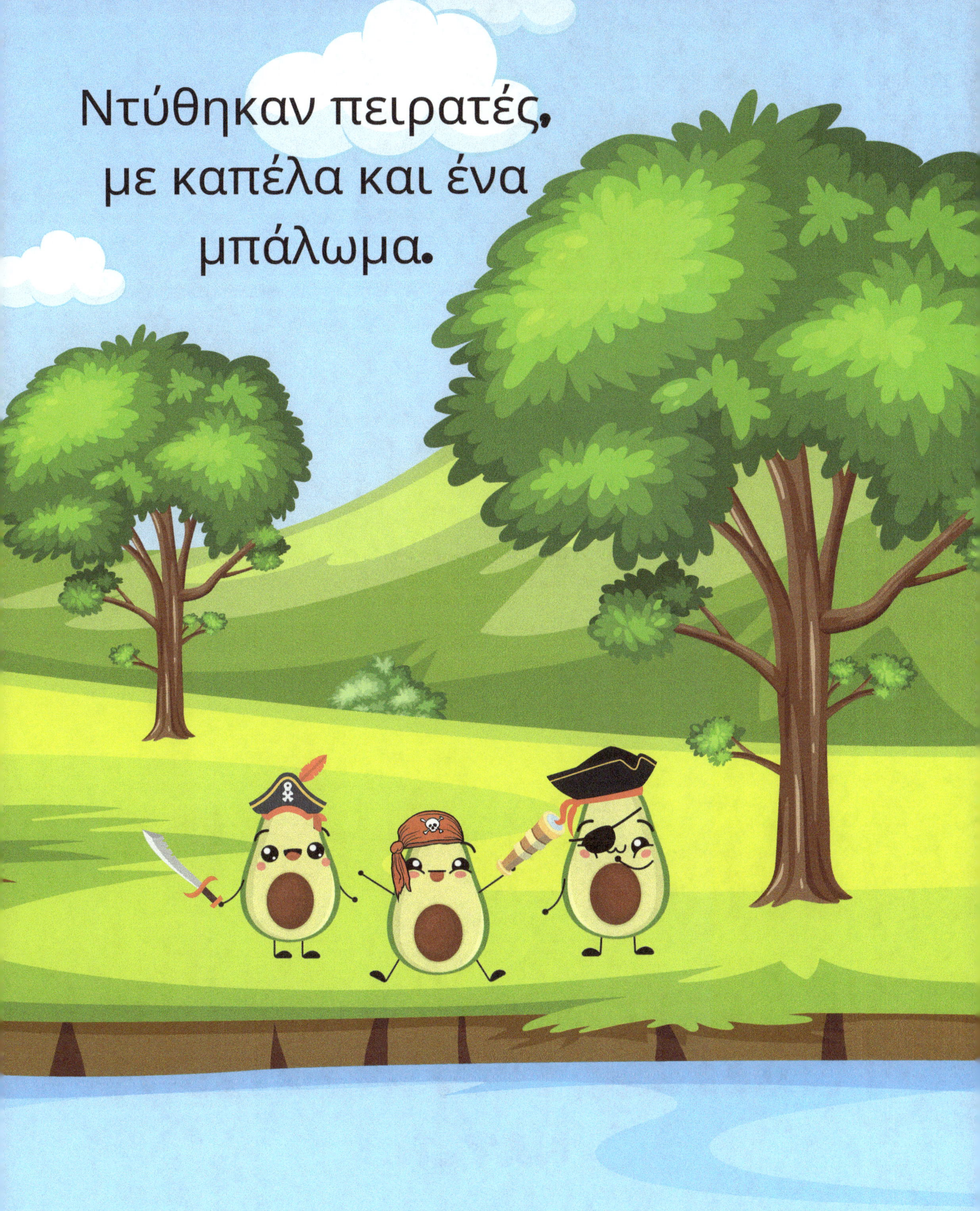

Ντύθηκαν πειρατές,
με καπέλα και ένα
μπάλωμα.

PRETENDING TO FIND TREASURE, THEY STARTED TO HATCH.

Προσποιούμενοι ότι βρήκαν θησαυρό, άρχισαν να εκκολάπτονται.

THEY DUG IN THE DIRT, WITH
SHOVELS AND GLEE.

Έσκαβαν στο χώμα, με φτυάρια
και χαρά.

FINDING A HIDDEN CHEST
BENEATH A BIG TREE.

Βρίσκοντας ένα κρυμμένο στήθος
κάτω από ένα μεγάλο δέντρο.

INSIDE WERE JEWELS, SHINY
AND BRIGHT.

Μέσα ήταν κοσμήματα, λαμπερά
και λαμπερά.

THEY DANCED AND TWIRLED, IN THE MOONLIGHT.

Χόρευαν και στριφογύριζαν, στο φως του φεγγαριού.

SO WHENEVER YOU FEEL, A
LITTLE BIT BLUE.

Οπότε όποτε νιώθεις, λίγο μπλε.

REMEMBER THE AVOCADOS, AND
THEIR LAUGHTER TOO.

Θυμηθείτε τα αβοκάντο και το γέλιο τους επίσης.

AS THE STARS TWINKLED, THEY WHISPERED GOODNIGHT.

Καθώς τα αστέρια έλαμπαν,
ψιθύρισαν καληνύχτα.

DREAMING OF NEW
ADVENTURES, UNTIL MORNING
LIGHT.

Ονειρεύεστε νέες περιπέτειες,
μέχρι το πρωί.

Books By Schaaf

www.BookBySchaaf.com

Find us at: